Die Bedeutung des Unternehmerstandes für den industriellen Fortschritt in Sachsen

Ein Beitrag zur Geschichte der sächsischen Industrie

von

Dr. Johannes März
stellvertretender Syndikus
des Verbandes sächsischer Industrieller zu Dresden

Leipzig
Verlag von Veit & Comp.
1912

Sonderabdruck aus:
Volkswirtschaftliche und wirtschaftsgeschichtliche Abhandlungen
W. Stieda
zum 60. Geburtstage dargebracht

Die Bedeutung des Unternehmerstandes für den industriellen Fortschritt in Sachsen.

Ein Beitrag zur Geschichte der sächsischen Industrie.

Von **Johannes März.**

In einem Vortrage in der Gehe-Stiftung zu Dresden hat Ludwig Pohle[1]) eine die Bedeutung für den industriell-gewerblichen Fortschritt aufzeigende Würdigung des Unternehmerstandes gegeben, die zu dem wenigen Guten gehört, was die neue volkswirtschaftliche Literatur über die vielumstrittene Bedeutung des Unternehmers für die Volkswirtschaft hat verlauten lassen. Daß der Unternehmerstand im öffentlichen Leben und in einem großen Teile der Nationalökonomie oft nur geringes Verständnis findet, ja daß man ihm, dem führenden Stande des heutigen Wirtschaftslebens, eine zum Teil leidenschaftliche Gegnerschaft entgegenbringt, sowohl in der Schicht, die er überflügelt hat, dem Mittelstand, als auch bei denen, an welchen er die ökonomische Führung direkt ausübt, den Lohnarbeitern, hebt die genannte Schrift als eine bekannte Tatsache nicht ohne Bedauern hervor.

Man darf behaupten, daß für eine objektivere Würdigung der Leistungen des Unternehmerstandes so lange keine besseren Aussichten vorhanden sind, als die sozialistische zum Moralisieren und Ethisieren neigende Betrachtungsweise die auch im soziologisch-politischen Leben einflußreichen ökonomischen Schulen beherrscht.[2])

---

[1]) Ludwig Pohle, Der Unternehmerstand, Vorträge der Gehe-Stiftung zu Dresden, Bd. 3. 1910.

[2]) Die Notwendigkeit, bei der Betrachtung der modernen Berufsstände auch den Unternehmerstand mehr und objektiver als bisher zu berücksichtigen, betont außer Pohle seit längerer Zeit auch Ehrenberg, namentlich im Thünen-Archiv, ferner Julius Wolf-Breslau. Die Arbeiten Alexander Tilles, die von der gleichen Erkenntnis ausgehen, sind wegen der Extravaganz des Verfassers in Hinsicht der wirtschaftlichen Auffassung, der politisierenden, stark ins Agitatorische sich verlierenden Darstellung und der Sonderbarkeit seiner

Hier konzentriert sich das Interesse auf den zweiten, für die moderne Volkswirtschaft charakteristischen Stand, die Lohnarbeiterschaft, deren soziale Stellung wissenschaftliche Kreise sehr früh zu eingehender Betrachtungsweise veranlaßt hat. Die Gründe für das Zurücktreten des Unternehmerstandes bei der Behandlung der modernen Berufsstände in der nationalökonomischen Wissenschaft sind verschiedene. Sie liegen einmal in dem überragenden Einfluß der Theorie von der kapitalistischen Wirtschaftsauffassung. Die Einseitigkeiten der an Adam Smith und die Engländer anknüpfenden Schule, die Unternehmer = Kapitalist setzen, sind durchaus nicht, wie Brentano[1]) bemerkt, vollständig überwunden. Wenn auch dem Unternehmer, als dem „Träger des menschlichen Geistes, der die Produktionselemente trennt und verbindet und so das Produkt schafft", gegenüber der weitverbreiteten „Popularlehre von der alleinigen Produktivität und dem alleinigen objektiven Wert der materiellen Arbeit" eine gebührende Würdigung heute wenigstens in einem Teil der nationalökonomischen Wissenschaft zuteil wird, so erkennt man doch auch hier noch dem Kapital eine Rolle zu, der gegenüber die Bedeutung des Unternehmers wesentlich zurücktritt. Hiergegen wendet sich mit Recht Biermann.[2]) Nicht kann, wie Brentano[3]) behauptet, der Unternehmer seine die Produktionselemente trennende und verbindende Tätigkeit nur in dem Maße ausführen, als er über Kapital verfügt, sondern erst durch den Unternehmer, als den einzigen Produktionsfaktor, werden die Elemente der Produktion: Natur, Kapital und exekutive Arbeit, in den Dienst der Produktion gestellt. Diese letztere Auffassung Biermanns[4]) scheidet richtig

Terminologie, wie Behandlung der Sprache, wissenschaftlich wertlos. Hervorzuheben sind dagegen die Arbeiten von Wirminghaus sowie dem Schweizer Nationalrat Dr. Eduard Sulzer-Zieger. Eine schöne Würdigung der Verdienste des Unternehmerstandes um die Entwicklung und die Fortschritte eines Industriezweiges gibt auch Stieda in dem Schlußwort seiner Monographie über „Die keramische Industrie in Bayern während des 18. Jahrhunderts", Leipzig, B. G. Teubner 1906.

[1]) Brentano, Der Unternehmer, Vortrag, gehalten am 3. Januar 1907 in der Volkswirtschaftlichen Gesellschaft in Berlin. Erschienen in „Volkswirtschaftliche Zeitfragen". Vorträge und Abhandlungen, hrsgeg. von der Volkswirtschaftlichen Gesellschaft in Berlin, Jahrg. XXIX.

[2]) W. Ed. Biermann, Zur Lehre von der Produktion und ihrem Zusammenhang mit der Wert-, Preis- und Einkommenslehre, Lpz. 1904.

[3]) Brentano a. a. O. S. 20.

[4]) Von dieser Auffassung aus kommt Biermann auch bereits zu einer

das Kapital von den Produktionsanlagen. Unter diesem Begriffe sind zu verstehen die Betriebsgebäude, Werkzeuge, Maschinen, produzierte Produktionsmittel, deren Kennzeichen ist, daß sie durch Arbeit entstehen. Kapital sind die durch Sparen entstandenen „werbenden Geldsummen". Große Geldmittel sind sehr oft bei den Anfängen selbst der größten Unternehmungen noch nicht vorhanden gewesen und man kann bereits auf Grund der heute vorhandenen Unterlagen nachweisen, daß der weitaus größte Teil der Unternehmer Deutschlands ohne dieses soeben charakterisierte „Kapital" ihre Tätigkeit begonnen haben. So besaß Krupp nach 25 Jahren der Führung der im Jahre 1826 übernommenen verfallenen Gußstahlfabrik noch kein nennenswertes Vermögen. „Es ist bekannt, daß im Jahre 1826 die verfallene Gußstahlfabrik ohne Vermögen mir zur Führung anvertraut wurde. Mit wenig Leuten fing ich an, sie verdienten mehr und lebten besser als ich; so ging es fast 25 Jahre fort mit Sorgen und mühevoller Arbeit, und als ich dann eine größere Zahl von Leuten beschäftigte, war dennoch mein Vermögen geringer, als was heute mancher Arbeiter der Gußstahlfabrik besitzt." [1])

Von der Seite wissenschaftlicher Betrachtung aus, die Biermann

richtigen Einschätzung der volkswirtschaftlichen Bedeutung des Unternehmerstandes als solchen, wie sie Pohle in seinem Vortrag darlegt. „Es gehört zu den ungeheuerlichsten Verirrungen des menschlichen Geistes, wenn kommunistische Denker (freilich im Anschluß an die klassische Schule, insbesondere an Ricardo) gerade die materielle Arbeit als allein produktiv bezeichnet haben. Die lächerliche Geringschätzung der geistigen Arbeit, die jeder Lebenskenntnis bare Unterschätzung eines geistig hochstehenden Unternehmertums ist die Signatur des historischen Materialismus geworden. Natürlich verhält es sich gerade umgekehrt: Die organisatorische „dispositive" Arbeit des „Unternehmers" (im weitesten Sinne des Wortes) ist der einzige Produktionsfaktor, die materielle Arbeit dagegen nur ein Element. Sie trägt erst dann zum Enderfolge der Produktion bei, wenn sie durch schöpferische Intelligenz und Organisation der geistigen Arbeit in den Dienst der Produktion gestellt worden ist. Die „exekutive" Arbeit ohne das Ferment der organisatorischen „dispositiven" Arbeit ist einem großen Heere ohne einen Feldherrn vergleichbar. Es liegt auf der Hand, daß eine solche Zurückweisung übertriebener Schätzungen der rein materiellen Arbeit des Lohnarbeiters und eine gerechtere Würdigung der geistigen Arbeit in ihrer Bedeutung für das volkswirtschaftliche Geschehen auch in der Wert- und Preislehre, sowie in der Verteilungslehre zu anderen Resultaten gelangen muß wie jene einseitige Glorifizierung der mechanischen Handarbeit." Biermann a. a. O.

[1]) Krupp, Ein Wort an die Angehörigen meiner gewerblichen Anlagen. Als Manuskript gedruckt. Essen, Buchdruckerei des Kruppschen Etablissements.

mit anderen vertritt, wird sonach der Unternehmer als Produktionsfaktor gegenüber der ihn völlig negierenden kapitalistisch-marxistischen Wirtschaftsauffassung gewürdigt. Eine wissenschaftliche Behandlung des Unternehmerstandes als solchen, seiner Stellung und Bedeutung innerhalb der Volkswirtschaft ist aber damit nicht gegeben, wenngleich sie natürlich ihren Ausgangspunkt an dieser Stelle nehmen würde. Die weiteren Unterlagen wären dann erst zu gewinnen, wenn die Geschichte der industriellen und gewerblichen Entwicklung eine ausreichende Bearbeitung gefunden hat. Vorarbeiten hierzu sind bisher nur vereinzelt gemacht worden, meist nur dort, wo der Unternehmerstand ins Riesenhafte gehende Unternehmungen[1]) schuf. Dabei wird die überragende Bedeutung einzelner führender Persönlichkeiten auf dem Gebiete der Industrie naturgemäß gewürdigt. Es wäre aber ein Irrtum, wenn man annehmen wolle, daß es zu der großartigen industriellen und gewerblichen Entwicklung der Neuzeit nur des Anstoßes einzelner bedurft hätte. So bedeutsam solche Pioniere auch gewesen sind, auch ihre Anregungen wären nicht nutzbar gemacht worden, wenn nicht die große Menge der Unternehmer in allen Zweigen des Gewerbes Arbeitskraft, Intelligenz, Erfindungsgabe, Fleiß und Ausdauer angewendet hätten, mit denen die Tausende der industriell-gewerblichen Unternehmungen zur Höhe gebracht wurden und noch heute geleitet werden. Dies festzustellen, würde Aufgabe einer Geschichte der Industrie Sachsens und Deutschlands sein.

Das Material zu einer solchen Geschichte der Industrie und der Gewerbe, namentlich derjenigen Gewerbe, die zur industriellen Entwicklung übergegangen sind,[2]) ist, wie gesagt, leider noch sehr lücken-

---

[1]) Vgl. Ehrenberg, Die Unternehmungen der Gebrüder Siemens. Derselbe, Große Vermögen. Auch andere bedeutende Unternehmer und Unternehmungen haben ihren Geschichtsschreiber gefunden.

[2]) Das betont besonders auch Stieda in dem Artikel „Fabrik" im HWB. der Staatsw. Die Forschung hat das dunkle Gebiet der Entstehung des Fabrikwesens noch nicht im Zusammenhange beleuchtet, es existieren auch nur wenige, zum Teil auch nur bruchstückartige Arbeiten über die Entwicklung einzelner Industriezweige. Wo sie vorhanden sind, tritt der Anteil des Unternehmerstandes an dieser gewöhnlich kaum hervor. Wie solche Untersuchungen interessant und auch für die Würdigung der Bedeutung des Unternehmerstandes für den industriellen Fortschritt nutzbar gemacht werden können, zeigt Stieda in seinen Untersuchungen über die Entwicklung der keramischen Industrie in verschiedenen deutschen Landesteilen (Bayern, Thüringen u. a).

haft; das gilt auch von den vorliegenden Untersuchungen über die Geschichte und Entwicklung einzelner Industriezweige in volkswirtschaftlicher Hinsicht. Man muß, will man über das Ganze der industriellen Entwicklung etwas erfahren, auf die historischen Darstellungen der Technik zurückgreifen, die gewiß auch wertvolles Material für die Geschichte des Unternehmerstandes bieten. Sie enthalten aber in der Regel natürlich nur die Namen derer, die speziell Techniker, sei es mit entsprechender Vorbildung, sei es durch Genie und Begabung, gewesen sind. Aber der größte Teil der Unternehmer war früher und ist heute noch Techniker und Kaufmann zugleich, wenn auch die kaufmännische Tätigkeit nach außen mehr hervortritt.[1]) Eine Geschichte der Industrie und der Gewerbe nach volkswirtschaftlichen Gesichtspunkten würde darum auch über den Anteil des Unternehmerstandes am technisch-industriellen Fortschritt wertvolles Material zutage fördern und die Namen aller derjenigen festhalten, die, sei es auch nur durch kleinere Erfindungen, zweckmäßige Organisationsweisen, Verpflanzung bisher nur im Auslande betriebener Fabrikationsmethoden oder technische Verbesserungen an einzelnen Erfindungen oder Produktionsprozessen, zur Entwicklung der Industrie zu ihrer heutigen Höhe beigetragen haben.

Die Entwicklung der Industrie Sachsens wird nur in einigen Gesamtdarstellungen[2]) der sächsischen Volkswirtschaft behandelt. Das für unsern Zweck Brauchbare drängt sich hier aber auf wenige Angaben über Namen und Lebensdaten hervorragender Unternehmer und Entstehung oder Vergehen der bedeutsamen Unternehmungen Sachsens zusammen. Das Fortschreiten der Entwicklung vom Mangelhaften zum Besseren und die Anteilnahme des Unternehmerstandes an der technischen Vervollkommnung tritt fast nirgends hervor. Gerade hierauf würde es aber ankommen, um die Bedeutung des Unternehmerstandes für die Volkswirtschaft

---

[1]) Hierauf macht Pohle aufmerksam. Das Bestreben des Unternehmers muß ständig auf Herabdrückung der Selbstkosten gerichtet sein, um nicht im Zeitalter der Gewerbefreiheit plötzlich durch einen Betrieb mit niedrigeren Produktionskosten vom Markt verdrängt zu werden. Diese Verbilligung der Produktionskosten kann erfolgreich nur vorgenommen werden, wenn der Unternehmer selbst die technischen Kenntnisse seines Produktionszweiges besitzt. Pohle a. a. O. S. 23.

[2]) So vor allem Gebauer, Die Volkswirtschaft im Königreich Sachsen, 3 Bde., Dresden 1893.

Sachsens zu zeigen. Monographien über einzelne führende Persönlichkeiten auf industriellem Gebiete und kleinere Arbeiten über bestimmt umgrenzte Teile oder einzelne Industriezweige sind zwar vorhanden, aber naturgemäß nicht ausreichend, um ein Bild von der Bedeutung des sächsischen Unternehmerstandes als solchen zu entwerfen. Es fehlt eben auch in Sachsen noch an bearbeitetem Material für eine zusammenhängende Darstellung der Wirksamkeit des Unternehmerstandes, obwohl gerade Sachsen vielleicht die größte Zahl der Männer aufzuweisen hat, die ihre Lebensarbeit auf Vervollkommnung und Ausbildung der großen englischen Erfindungen auf dem Gebiete der Maschinentechnik verwendet haben, neben einer Reihe von Erfindern von Arbeitsmaschinen, Apparaten, neuen technischen Verfahren und Betriebs- oder Fabrikationsmethoden zur Herstellung einzelner Artikel, die heute die Grundlage bedeutsamer Industriezweige bilden. Indessen sind wir nicht ganz ohne Nachrichten, wenigstens über die frühesten Zeiten der Entwicklung der sächsischen Industrie, und es trifft sich glücklich, daß die cameralistischen Schriftsteller des 18. Jahrhunderts einer subjektiven Schreibweise huldigten, die auf die Persönlichkeit einen gewissen Wert legt. Ihnen erschienen die Männer, die für die Entwicklung des Gewerbes Bedeutendes leisteten, erwähnenswert, ihre Tätigkeit wurde an ihrer Bedeutung für das Wohl des Landes gemessen, und so bilden denn die gewerblichen Journale, die Ausstellungsberichte, die „Produkten-, Manufaktur- und Handelskunden“ des 18. und 19. Jahrhunderts ein willkommenes Quellenmaterial für eine Geschichte der sächsischen Industrie unter dem Gesichtspunkt der Leistungen der sächsischen gewerblichen Unternehmer.

Ihren erfinderischen Geist rühmt vor allem Rößig[1]) in seiner 1803 herausgegebenen Handelskunde: „Die erfinderische Industrie der Sachsen belegen nicht nur die Zeugnisse der Ausländer und Reisenden, sondern auch viele Erfindungen in dem Manufaktur- und Fabrikwesen selbst. Für das erstere redet das Zeugnis Riesbecks in den Briefen eines reisenden Franzosen über Deutschland: „Ein fleißigeres Volk als die Sachsen, sagt er, habe ich noch nie gesehen. Das ganze Gebirge wimmelt von geschäftigen Menschen, und dem nackenden Felsen brechen sie Nahrung ab ... Ihr

---

[1]) C. G. Rößig, Die Produkten-, Fabrik-, Manufaktur- und Handelskunde von Chursachsen und dessen Landen in zwey Teilen, in Römers Staatsrecht und Statistik des Kurfürstentums Sachsen. Leipzig 1804, 4. Bd.

erfindsamer Geist ist unermüdet und unerschöpflich. Wenn die Mode oder die Mitwerbung ihrer Nachbarn ihnen einige Arten ihrer Manufakturen niederschlägt, so haben sie in einem Augenblick zehn andere, um die ersteren wieder zu ersetzen".

Rößig beweist diese Mitteilungen an interessanten Beispielen, die er den von ihm gesammelten Nachrichten über die damalige sächsische Industrie entnimmt. Er beschreibt eingehend ihre Produktionweise, die zum großen Teil noch gewerblich war oder doch erst in den ersten Anfängen der Entwicklung zur industriellen Fabrikation stand. Da Maschinen in dieser Zeit der Entwicklung der sächsischen Industrie noch etwas Besonderes waren, so gibt er von allen derartigen Konstruktionen eine eingehende Beschreibung und nennt die sächsischen Unternehmer, deren erfinderische Tätigkeit und konstruktive Begabung dabei tätig gewesen sind. Zu den ihm besonders merkwürdig erscheinenden Maschinen gehört das „Filatorium", eine Maschine, welche zum Zwirnen und Doublieren der Seide verwendet wurde. Sie existierte zu Rößigs Zeit nicht mehr, doch besaß die in Sachsen noch lebende Familie noch die Risse und Zeichnungen. Als ihr Erbauer wird Kammerrat Rabe, der um die Hebung der Seidenmanufaktur in Sachsen sich große Verdienste erworben hat, genannt, „nachdem sachverständige Leute mit vielen Kosten und Lebensgefahr das Muster in Bologna abgesehen hatten"; sie kostete mitsamt dem Haus, in welchem sie aufgestellt war, 50000 Taler. Das Filatorium arbeitete mit 80000 Spulen und leistete in einem Tage ebensoviel, als 500—600 Menschen in dieser Zeit nicht leisten konnten. Das ganze Werk konnte durch 14—15 Personen, meistens Kinder, bedient werden. Sein Ruhm war so weit gedrungen, daß Friedrich II. gelegentlich seines feindlichen Einfalls in Sachsen die Maschine durch eine Wache vor Beschädigungen und Zerstörungen der herumschweifenden Truppen soll haben sichern lassen.

Einige Kaufleute, die späterhin in den Besitz der Maschine kamen, vermochten anscheinend nichts mit ihr anzufangen und so wurde sie schließlich vernichtet. Das Beispiel zeigt neben anderen, wie eifrig auch in Sachsen um die Zeit der epochemachenden Erfindungen auf dem Gebiet des Maschinenwesens konstruiert wurde, wenn auch diesen Konstrukteuren der Erfolg nicht blühte, den die englischen Erfinder erringen konnten. Rößig nennt weiter einen Kaufmann Arndt in Düben, der im Jahre 1800 eine englische Wollspinnmaschine aufstellte, ferner die Fabrikanten Wöhler und

Bernhardt, die zuerst in Sachsen Baumwollspinnmaschinen nach englischem Muster aufstellten. Vor den nach englischer Art eingerichteten Spinnmaschinenen hatten sächsische Konstrukteure bereits Handspinnmaschinen aufgestellt sowie Handkrempelmaschinen, die durch sinnreiche Einrichtungen immer wieder verbessert wurden. Eine solche Verbesserung brachte beispielsweise ein Chemnitzer Fabrikant an dem Leinen-Damast-Webstuhl an, indem er mittels eines Sperrholzes die Kette offen hielt, „so daß der Weber, der auf der einen Seite das Schiffchen einschießt, während es zwischen der offenen Kette durchschießt, auf der anderen Seite solches beheben, auffangen und zurückwerfen kann“.

Andere in Sachsen hergestellte bezw. nach fremden Mustern konstruierte Maschinen sind die Tramirmaschine (eine Maschine, welche mittels eines Rades mehrere Spindeln zum „Nesselgarn drehen“ bewegte), die Feuermaschine, welche für die Salinen zu Kötschau und Teuditz errichtet war, um bei dem Gradieren vorzüglich nicht so abhängig von dem Wasservorrat oder Mangel zu sein, die Maschinerie des Amalgamirwerkes in Halsbrückerhütte bei Freiberg, wo der Maschinenmeister Mende um das Maschinenwesen große Verdienste sich erwarb. Aus der großen Zahl der Namen von Unternehmern, die um die Fortentwicklung der Industrie sich verdient gemacht haben, nennen wir mit Rößig dann noch 1791 Friedrich Gottlob Meißner, der eine Zwirnmanufaktur einrichtete und mit Hilfe eines sachkundigen Konstrukteurs die Zwirnmaschine zu großer Vollkommenheit brachte, ferner die Familie Leonhardi, deren Mitglieder eigentlich ursprünglich Schwarz- und Blaufärber waren und bereits in den 90 er Jahren des 18. Jahrhunderts den bunten Leinwanddruck zu Grimma „ins Große“ trieben. Sie besaßen 4 Manufakturhandlungen in Grimma und vertrieben ihre Waren bis nach Ostindien über Holland. Das Rohmaterial bezogen sie aus der Oberlausitz. Hier hatten sich, namentlich um die Damastweberei in Großschönau bereits zu Ende des 17. Jahrhunderts einzelne Unternehmer verdient gemacht. Ein gewisser Christoph Krause, der sich mit einem Mustermaler und einem Stuhlbauer verband, fertigte einen Webstuhl, auf welchem eine kostbare Tischgedeckgarnitur für den Kaiser mit dem kaiserlichen Wappen in jeder Serviette gearbeitet werden konnte.

Unter den Schleierfabrikanten (Mousseline) nennt Rößig einen Fabrikanten Mättig, der einen Artikel von lustriertem Flor und $^4/_4$ breiter Gaze erfand. Er arbeitete lange in der Stille mit vielem

Kostenaufwand, bis er 1771 am 31. Januar die ersten Vollkommenheiten dem Zittauer Rat vorlegen konnte, welche dem schweizerischen und französischen gleichkamen. Um die Wollzeug-Manufaktur, die 1558 durch einen Antwerpener Meister in Frankenberg eingeführt worden sein soll, haben sich die sächsischen Weber, deren Kunstfleiß besonders gerühmt wird, sehr verdient gemacht. Es können hier weitere Beispiele nicht aufgeführt werden, wenngleich Rößig deren noch eine ganze Reihe bringt. Zu bedauern ist nur, daß bei der Kürze der Darstellung, die durch den enzyklopädischen Charakter der Rößigschen Darstellung bedingt war, nicht eingehendere und namentlich mehr den Zusammenhang mit der Entwicklung aufdeckende Darstellungen bei Rößig zu finden sind.

In dieser Beziehung bietet ein Schriftsteller, der ein halbes Jahrhundert später Aufzeichnungen über die sächsische Industrie gemacht hat, außerordentlich interessantes Material. Es ist Georg Friedrich Wieck,[1]) dessen Aufzeichnungen ebenso wie diejenigen Rößigs neben dem historischen Wert seiner Darstellung für die Entwicklung der Industrie in Sachsen überhaupt wichtige Fingerzeige über die Leistungen des sächsischen Unternehmerstandes für den industriellen Fortschritt zu geben vermögen. Wenn Wieck schon damals sagen konnte, daß sächsischer Gewerbefleiß „sich nicht zur exotischen Riesenmäßigkeit englischer Fabriktätigkeit emporschwingen“ könne, dagegen durch „merkwürdige Vielseitigkeit und naturgemäße Entfaltung“ hervorrage, so ist damit zugleich der Charakter der sächsischen Industrie von heute festgehalten. Nur daß die technische Vervollkommnung und die Vielseitigkeit der industriellen Betätigung seitdem Riesenschritte gemacht haben. Und diesen Weg zur Höhe technischer Vollendung gegangen zu sein, ist die bedeutsame Arbeit, die der Unternehmerstand in Sachsen für die Volkswirtschaft des Landes geleistet hat.

In den vierziger Jahren des vorigen Jahrhunderts wiesen sehr viele fabrikmäßig betriebene Zweige des sächsischen Gewerbes noch gewisse Mängel auf. Besonders die schon damals wichtigsten Industriezweige der Textilindustrie und des Maschinenbaues hielten keinen Vergleich mit den entsprechenden Fabrikationszweigen des Auslandes, namentlich Englands, aus. So urteilte der Ausstellungsbericht[2]) von

[1]) G. F. Wieck, Industrielle Zustände Sachsens, Das Gesamtgebiet des sächsischen Manufaktur- und Fabrikwesens, Handels und Verkehrs, Chemnitz 1840.

[2]) Mitgeteilt von Wieck a. a. O. S. 253.

1831 z. B. über die Flachsspinnerei: „In der Bereitung des Rohflachses hat sich Sachsen das verbesserte Verfahren, welches namentlich in Braunschweig, den Niederlanden usw. angewendet wird, noch nicht zu eigen gemacht. Ebenso steht ersteres hinter dem Auslande in der Halbfabrikation der Flachsspinnerei zurück. Zwar beschäftigt diese in der Oberlausitz in den Gerichtsbezirken Purschenstein, Pfaffroda und dortiger Umgegend, auch in und bei Kolditz zahlreiche Hände, aber gewiß werden jährlich noch gegen 10 000 Zentner leinenes Garn, hauptsächlich aus Schlesien, der preußischen Oberlausitz und Böhmen eingeführt, während Tausende, die sich sonst, namentlich im Vogtlande und Erzgebirge, von der Handspinnerei, früher der Baumwolle, zuletzt, wiewohl schon in verminderter Anzahl, der Kammwolle nährten, in der Flachsspinnerei Ersatz für den Verlust jener Erwerbszweige finden könnten".

Von anderen Industriezweigen war nach Wieck ähnliches zu sagen.[1])

Die obererzgebirgische Eisenfabrikation sei namentlich hinsichtlich der vollkommeneren Verarbeitung ihrer Erzeugung zum Behufe einer fortgeschrittenen Maschinenbauerei und anderen Eisenarbeiten der Gewerbe sehr bedeutend zurückgeblieben. Der selbsttätige Webstuhl sei in der Kunstweberei in Sachsen noch nicht eingeführt. Die Tuchmanufaktur Sachsens stehe keineswegs auf dem höchsten Punkt der Vollkommenheit, die sächsische Spinnerei[2]) nicht auf der Höhe der englischen, die Weberei, Druckerei und Färberei seien vom englischen Markte noch fortwährend abhängig

[1]) Über die ehemals blühende Bandfabrikation urteilt der Ausstellungsbericht von 1839: „Es handelt sich hier nicht mehr darum, ob man dem auf Handarbeit beschränkten zunftmäßigen Betrieb oder der durch Fabrikbetrieb bedingten Anwendung mechanischer Hilfsmittel den Vorzug geben, sondern vielmehr darum, ob man das Gewerbe überhaupt erhalten oder es ganz und rettungslos fallen lassen wolle. Was in der Schweiz und in Frankreich hierin geleistet wird, ist zu allgemein bekannt, als daß es einer ausführlichen Nachweisung bedürfte. Nur mit denselben Waffen kann die Überlegenheit dieser Leistungen, in denen sich durch Benutzung aller Hilfsmittel der Mechanik, Vollkommenheit der Technik mit Wohlfeilheit des Preises vereinigt, bekämpft werden". Wieck a. a. O. S. 343.

[2]) Das Lob, welches der Ausstellungsbericht von 1837 der sächsischen Baumwollspinnerei zollte, indem er behauptete, daß sich dieser Zweig auf seinem höheren Standpunkte erhalten habe, bezeichnet Wieck als einen Irrtum (a. a. O. S. 54).

und könne eine sichere Basis in der inländischen Spinnerei nicht finden; das Posamentiergewerbe ginge zurück, weil es nicht den Fortschritten des Auslands folgte; den sächsischen Flanellen machte man den Vorwurf, daß sie nicht die schöne Weiße hätten und in der Wäsche einliefen; die in Hainichen hergestellten gestreiften Flanelle und Kattune seien zwar wohlfeil, „aber eine sehr leichte Ware".

Über die Maschinenfabrikation klagt Wieck, daß sie in mancher Beziehung gegen ihre rheinische, schlesische, Magdeburger und Berliner Konkurrenz nicht aufzukommen vermöge. Den Grund hierfür findet er teilweise in den teuren Preisen der Rohstoffe, namentlich der Kohlen, ferner aber darin, daß namentlich am Rhein die Eisenarbeiter in allen Kategorien vorgeschrittener und tätiger seien als die sächsischen, so daß sie in der Regel ein dreifaches Maß der Leistung hervorbringen. Dadurch erkläre sich die Möglichkeit des Absatzes rheinischer Maschinen nach Sachsen, der besonders im Fache der Dampf- und Appreturmaschinen, der Maschinen für die Tuchfabrikation nicht unbedeutend sei. Während Preußens und Bayerns Maschinenfabriken ihre Erzeugnisse mit Vorteil nach Sachsen importierten, sei der Export der sächsischen Maschinenindustrie nur gering.

Eine damals sehr bekannte Firma Fiedler & Lechler in Scharfenstein bezog ihre Spinnmaschinen aus Lüttich, Kammwollespinnmaschinen wurden aus Frankreich eingeführt, und mit wenig Ausnahmen wurden die Maschinen für Tuchfabrikation in Sachsen noch gar nicht hergestellt. Diese wenig erfreulichen Tatsachen veranlaßten Wieck dazu, der Maschinenindustrie zu raten, in der eigentlichen Fabrikation voranzuschreiten und neue Maschinen billig und schnell anzubieten. Es sei Aufgabe des sächsischen Maschinenbaues gewesen, die neuesten Maschinen für die Tuchfabrikation herbeizuschaffen. Er habe dies den Rheinländern überlassen, wie er überhaupt die Schritte verabsäumt habe, die jede Fabrikationsbranche zu tun genötigt sei, wenn sie nicht zurückbleiben wolle.

Ein ähnliches Urteil wird über die Metallwarenfabrikation gefällt, in welcher hochwichtigen Branche Sachsen noch nicht die Stufe der Ausbildung erlangt habe, auf der andere Fabrikländer damals schon standen. Zwar erkennt unser Wirtschaftshistoriker in dem von ihm geschriebenen Ausstellungsbericht über die Gewerbeausstellung in Dresden vom Jahre 1845[1]) an, daß die Manufaktur- und Fabrikindustrie des Königreichs Sachsen einen ehrenvollen Platz in der Stellung der deutschen Gesamtindustrie einnehme, und es steht diese sehr günstige Beurteilung in einem merkwürdigen Gegensatz zu den Feststellungen, die Wieck in dem oben zitierten Buche über einige Mängel der wichtigsten Industriezweige gemacht hat. Der Ausstellungsbericht scheint also in dieser Beziehung etwas gefärbt zu sein; denn es ist nicht anzunehmen, daß in den fünf Jahren alle die Übelstände hätten behoben sein sollen, die im Jahre 1840 von Wieck, der die sächsische Industrie aus eigener Anschauung sehr genau kannte, festgestellt worden waren.

Stellt man dem Bilde der technischen Ansbildung der sächsischen Industrie, wie sie sich im Jahre 1840 darstellt, das heutige gegenüber, so wird man des ungeheuren Fortschritts gewahr, der seitdem von der sächsischen Industrie zurückgelegt worden ist. Diese Fortschritte eingeleitet und durchgeführt zu haben, ist zweifellos das Verdienst des sächsischen Unternehmerstandes, der mit verständnisvoller Förderung durch die damalige Regierung das Möglichste getan hat, die Erfindungen der Technik nutzbar zu machen und auszugestalten, vor allem einen sächsischen Arbeiterstamm heranzuziehen, der in erster Linie nötig war, um die Mängel in der Fabrikationsweise, die zu der damaligen Zeit noch bestanden, zu überwinden. Dieses Fehlen eines leistungsfähigen, mit der fabrikmäßigen Herstellung der Ware vertrauten und geübten Arbeiterstammes war überhaupt für die ersten Zeiten der industriellen Entwicklung in Sachsen ein großer Übelstand und die Ursache vieler Mißerfolge. Schon Wieck[2]) bemerkte bei der Besprechung des Maschinenbaues, daß der wenig vorgeschrittene Zustand der sächsischen Maschinenindustrie zurückzuführen sei auf das Fehlen eines geeigneten Arbeiterstandes.

---

[1]) Die Manufaktur- und Fabrikindustrie im Königreich Sachsen. Bei Gelegenheit der Gewerbeausstellung in Dresden im Jahre 1845 beschrieben von F. G. Wieck, Leipzig, B. G. Teubner.

[2]) Wieck fordert an verschiedenen Stellen seines weiter oben zitierten Werkes auf, tüchtige Arbeiter aus England zu holen, um „unseren Arbeitern zu zeigen, wie man dort die Dinge angreift“. Er hat auch selbst im Jahre 1835 zwei englische Eisenarbeiter mit herüber gebracht, die den sächsischen Maschinenbauarbeitern erst das richtige Hauen mit dem Schrotmeißel (chipping) zeigen sollten, was den Eisenarbeitern von großem Vorteil sei.

Ebenso fehlte ein solcher in der Maschinenweberei. „Wir sind fest überzeugt, sagt Wieck[1]) bei der Besprechung der Baumwollspinnerei, daß es noch lange dauern wird, ehe sich ein Fabrikarbeiterstamm in Sachsen einrichtet, der imstande ist, es den englischen Arbeitern, die durch ausgezeichnete Maschinenbehandlung unterstützt werden, gleichzutun." Ebenso fehlten besonders in den Spinnereien und Webereien geschulte Werkmeister und Direktoren. In dieser Beziehung sei in Sachsen noch viel zu tun. Die meisten Spinnereien entbehren des Direktors, der das Ökonomische zugleich mit dem Technischen des Spinnfachs versteht.[2]) Werkstätten seien mit wenigen Ausnahmen geleitet gewesen mehr „von Leuten aus praktischer Schule" als von solchen, die „Erfahrung, Wissenschaft und die Anschauungen der großen Leistungen des Auslandes" weiter gefördert hätten. Gewiß darf nicht übersehen werden, daß an dem mangelhaften Zustand der sächsischen Industrie der 20er und 30er Jahre des vorigen Jahrhunderts auch manche wirtschaftlichen Zustände schuld waren, so namentlich die Hindernisse der gewerblichen Gesetze, Innungssatzungen usw., das Fehlen der Eisenbahnverbindungen, die mißlichen Zollverhältnisse, vor allem auch der mangelnde Zollschutz, der den damals überlegenen englischen und französischen Fabrikaten den sächsischen Markt auslieferte. Die Hauptursachen für die Mängel in der damaligen Industrie Sachsens lagen aber doch wohl darin, daß es einen industriellen Unternehmerstand noch nicht gab, und daß somit die bedeutsame Erziehungsarbeit fehlte, welche der Unternehmerstand an der sächsischen Arbeiterschaft geleistet hat und leisten mußte, um sie zur Behandlung der komplizierten Maschinen brauchbar zu machen, daß ferner die Erfahrungen in der Durchbildung der Fabrik- und Arbeitsorganisation noch nicht vorlagen, die namentlich der englischen industriellen Erzeugung zur Seite standen. Die Anfänge zu all diesen Vervollkommnungen liegen aber in derselben Zeit, in der die Mängel einzelner Zweige der sächsischen Industrie dem Unternehmerstand von damals so nach-

---

[1]) Wieck a. a. O.

[2]) „Die meisten Spinn- und Krempelmeister besorgen ihr Geschäft zu sehr empirisch, nicht rationell und wissenschaftlich genug. So wollen z. B. Kenner der Spinnerei das Wollige und Unegale der sächsischen Garne, den Mangel an jener Festigkeit, wodurch die englischen Gespinste, ohne doch zu viel Draht zu besitzen, sich auszeichnen, Fehlern beim Baumwollmischen in den Krempeln und den Strecken zuschreiben." Wieck a. a. O. S. 84.

haltig vor Augen geführt wurden. Wiecks Arbeiten über die sächsische Industrie stellen sich unter diesem Gesichtspunkte dar als eine Geschichte der Anfänge des sächsischen Unternehmertums. Eine große Reihe von Namen industrieller Unternehmer, deren Firmen zum Teil noch heute bestehen, sind in den Schriften Wiecks festgehalten, ihre Tätigkeit gekennzeichnet. Treffliche Urteile über ihre volkswirtschaftliche Bedeutung für das Land, zum Teil auch eine scharfe Kritik[1]) derjenigen Unternehmer, welche zu wenig Zeit auf die technische Vervollkommnung ihrer Betriebe verwandten, zeigen, wie schwer das Fehlen eines leistungsfähigen Unternehmerstandes in einer Zeit empfunden worden ist, als die Königlich Sächsische Staatsregierung noch mit Darlehen, Privilegien und Subventionen eingreifen mußte, um den Anfängen der fabrikmäßigen Gütererzeugung über die schweren Zeiten hinwegzuhelfen.

Diese Anfänge der sächsischen industriellen Gütererzeugung kenn-

---

[1]) Hierher gehört die scharfe Kritik des sächsischen Maschinenbaues: „Diese Tatsachen stellen freilich dem sächsischen Maschinenbau kein ganz erfreuliches Prognostikon, indes ist anderseits nicht in Abrede zu stellen, daß es ihm dennoch möglich werden kann, sich für gewisse Maschinenkategorien zu erhalten, wenn er den Forderungen der Zeit entspricht und nicht seine eigentliche Aufgabe verabsäumt, nämlich die, der eigentlichen Fabrikation voranzuschreiten und ihr neue Maschinen billig und schnell anzubieten. Es war Aufgabe des Maschinenbaues, die neuesten Maschinen für Tuchfabrikation herbeizuschaffen; er überließ dies den Rheinländern, die Flachsspinnerei mußte er schon vor fünf Jahren so maschinenfertig stehen haben, daß ein Unternehmer keinen Zweifel an der Rentabilität hegen durfte; nicht minder war er verpflichtet, die neuesten Maschinen für die Baumwollspinnerei (wir erinnern nur an die eclipse roving frame, self acting mule) in Modellen vorrätig stehen zu haben. Der Maschinenbau hat die Schritte verabsäumt, die jede Fabrikationsbranche genötigt ist zu thun, wenn sie nicht zurückbleiben will. Gewiß ist es noch Zeit, die verlorene Strecke nachzuholen und neue Gegenstände der Fertigung hervorzuziehen, wenn die alten nicht mehr abgehen wollen, sicher wird dies auch von den gegenwärtigen geschäftskundigen Disponenten der resp. sächsischen geschehen, und hoffen wir somit, daß sie in nächster Zukunft wieder frisch und kräftig aufblühen möge; denn ihr Gedeihen ist einflußreich für die gesamte Industrie" (a. a. O. S. 268). Das Urteil war wohl zu hart. Wieck unterschätzte die technischen Schwierigkeiten, die es bei dem Fehlen geschulter Mechaniker und Techniker zu überwinden galt. Die Geheimnisse des englischen Maschinenbaues waren schwer zu erkunden, da auf der Auslieferung von Zeichnungen und Modellen schwere Strafen standen. Selbst wenn man die Modelle besaß, war es in den primitiven Mechaniker-, Schmiede- und Tischlerwerkstätten mit ungeübten, meist auch ungebildeten Arbeitern schwer, Maschinen mit einiger Präzision zu bauen.

zeichnen sich durch eine Fülle von Versuchen einzelner teils technisch gebildeter, teils kaufmännisch geschulter, teils ohne jede Schulung von einem natürlichen Unternehmergenie begabter Leute, die vom Auslande kommenden Anregungen aufzunehmen, sie mit den bestehenden Möglichkeiten für gewerbsmäßige Herstellung von Industrieerzeugnissen zu verschmelzen, teils auch ganz neue Maschinen und Verfahren oder die Verbesserung der vom Ausland übernommenen Methoden zu ersinnen. Die kaufmännische Tätigkeit, die heute vielfach im Vordergrunde steht, war damals das Sekundäre, meist wohl auch noch vom eigentlichen industriellen Unternehmer geschieden.[1])

„Die leitenden Kräfte, die in der Kunstweberei und Maschinenweberei in der damaligen Zeit dieses Schaffen und Neugestalten leiten und fördern wollten, liegen", so sagt Wieck, „in der Intelligenz und Arbeitsfähigkeit der Gesamtheit der Fabrikanten-Kaufleute, der Fabrikanten, der Meister-Weber und Arbeiter, die in steter Wechselwirkung, in wohltätigen Ideenreibungen, in nicht immer ganz zu verwerfender Konkurrenz miteinander wetteifern, irgendein Ziel zu erreichen, eine Ausbeute zu gewinnen."

Unter diesen Unternehmern nennt Wieck eine große Reihe von Namen, die auch dem Außenstehenden nicht unbekannt sind, wie u. a. den „rastlos strebenden und sinnenden" Haubold,[2]) Bernhard,[3]) Wöhler, Schönherr, welch letzterer erst kürzlich in

---

[1]) Wieck nennt neben den „Fabrikanten" und den „Unternehmern" noch Fabrikanten-Kaufleute, die anscheinend dem heutigen Verleger entsprachen und die Waren der „Fabrikanten" in Vertrieb nahmen, selbst aber nur in kleinerem Umfange produzierten, während die Fabrikanten nicht immer bloße Techniker oder Werkmeister gewesen sein dürften. Ein genauer Unterschied läßt sich bei Wieck nicht erkennen.

[2]) Haubold kann als der Vater der sächsischen Maschinenindustrie bezeichnet werden. Wieck gedenkt seiner mit der größten Hochachtung; ihm sei kein technisches Problem zu schwer gewesen, dessen Lösung er nicht versucht hätte.

[3]) Bernhard, ein Chemnitzer vermögender Kaufmann, hat mit Wöhler zusammen die erste mechanische Baumwollspinnerei angelegt und dabei sein ganzes Vermögen verloren. Die Spinnereiunternehmer mußten sich eigene Maschinenwerkstätten zuvor einrichten, um ihre Vorspinn- und Spinnmaschinen zu bauen. Aus England geholte Mechaniker legten Schlosserei und Schmiedewerkstätten an und die Drehbänke ans Wasser, wodurch eine bisher nicht gekannte Präzision in der Metallbearbeitung erreicht wurde. Die englischen Maschinenbauer fanden in den Chemnitzer Handwerkern sehr aufmerksame und gelehrige Schüler, die großen Eifer entwickelten, die Fortschritte des englischen Maschinenbaues sich zu eigen zu machen und dem Vorbilde ihrer Meister nachzustreben. Die Bau-

hohem Alter gestorben ist. Die Schwierigkeiten, mit denen diese Pioniere des industriellen Fortschritts in Sachsen zu kämpfen hatten, beweisen ihre Bedeutung; sie zeigen zugleich, daß es mit der Aufstellung von Maschinen, sei es des Auslandes oder selbsterfundener, nicht getan war. Vorurteile, Zunftsatzungen, ergebnislose Versuche, Ungeschicklichkeit der Arbeiter und Widerstände der Innungsmeister waren zu überwinden, das Fehlen oder plötzliche Versiegen barer Mittel machte oft die zweckmäßige Durchführung guter Erfindungen unmöglich. Daneben stand die durch größere technische Vollendung und Wohlfeilheit drückende Konkurrenz des Auslandes. Der Schönherrsche Webstuhl hatte z. B. trotz der Empfehlungen, die ihm durch den Sächsischen Industrieverein wurden, einen schweren Kampf gegen die Schweizer Kraftwebstühle und die Maschinen nach englisch-französischem Muster zu bestehen. Auch die Handweberei, von der man sich zum Teil nicht trennen wollte, weil man den Vorteil der neuen Betriebsweise nicht einsah, hemmte seine Verbreitung. Die zunftmäßig organisierten Gewerbe scheinen überhaupt der Einführung mechanischer Stühle starken Widerstand entgegengesetzt bezw. die Initiative zum Übergang zum maschinellen Betrieb nur selten gefunden zu haben.

So war z. B. nach Wieck die obererzgebirgische Posamentierbandfabrikation, die sich schon seit Jahren im dauernden Rückgang befand, durch Aufrichtung von Maschinenstühlen nicht wieder zu beleben. Das Fallissement eines talentvollen und unternehmenden Fabrikanten, der besonders sich die Ausbildung der Bandfabrikation nach französischem und schweizerischem System zur Aufgabe gestellt hatte, trug noch mehr dazu bei, den schon gesunkenen Mut vollends zu lähmen, so daß man den Posamentierfabrikanten den Rat gab, ihr Interesse der Seidenweberei zuzuwenden.

Ähnlich lagen die Verhältnisse in der Tuchmacherei. Diese wollte durch den Umschwung vom handwerksmäßigen zum fabrikmäßigen Betrieb, teilweise wegen der Armut der Handwerksmeister, teilweise auch wegen der Vorurteile der Zunft- und Innungssatzungen und der Bedenklichkeiten, die der Übergang vom Alten zum Neuen bei den kleinen Meistern erregte, nur schwer vorwärts kommen, obwohl eine

werkstätten der Wöhlerschen und Bernhardschen Spinnereien bildeten gleichsam die Schule für eine Reihe begabter Holz- und Metallarbeiter, aus denen sich die ersten Maschinenbauer in Chemnitz rekrutierten. (Vgl. Geschichte der Maschinenfabrik Germania, vorm. J. S. Schwalbe & Sohn in Chemnitz, 1911.)

große Anzahl von Unternehmern die Betriebsmethoden des Auslandes einzuführen versuchte. Die Bedeutung, die gerade in der Entwicklung dieser Branche einzelnen unternehmenden Persönlichkeiten beizumessen war, schildert Wieck[1]) in anschaulicher Weise:

„Aus der Schilderung der Betriebsweise der Tuchmacher ergibt sich die Notwendigkeit des Eintritts seiner Metamorphose, ‚die Entpuppung des Fabrikschmetterlings'. Diese Betriebsweise verhindert durchaus die Einführung der neuen Fabrikationsmethoden, da kein kleiner Tuchmachermeister wegen Mangel an Fonds imstande ist, sich jene höchst kostspieligen Maschinen, über die nachher einiges gesagt werden soll, anzuschaffen, hätte er auch die größte Lust dazu und fehlte es ihm auch nicht an Urteilskraft, einzusehen, daß er, auf altem Standpunkt des Fabrizierens beharrend, aufhören oder zugrunde gehen müßte.

So ist es denn auch gekommen, daß die Tuchmacherei in mehreren Städten ganz darniederlag, bis irgendein tüchtiger und einsichtsvoller Fabrikant die Zügel ergriff und neues Leben ins Geschäft brachte, indem er sich der Betriebsmethoden des Auslandes bemächtigte. So verdankten Lößnitz, Grimma, Öderan, Großenhain, Leisnig, Zschopau, Annaberg, Bischofswerda und mehrere andere Städte nur den ehrenwerten Fabrikanten Heinrich Meyer, G. Wendler, A. G. Fiedler, F. M. Eckhardt, J. G. Herrmann & Sohn, Th. Wislicenus, Gebr. Gensel, Gebr. Seelig den Wiederaufschwung des Tuchgewerbes.

Diese und mehrere ihrer Kollegen (Tuchfabrikanten) in anderen Bezirken haben eine der niederländischen und preußischen ähnliche Betriebsweise eingeführt. Sie kaufen die Tücher entweder roh oder lassen sie von eigenen Meistern fertigen und vollenden sie in ihren Etablissements bis zum Verkauf. Dies ihr Beispiel wirkt anregend auf ihre Umgebung, welche, die günstigen Erfolge vor Augen, zur Nacheiferung angespornt wird und es durch einzelne oder vereinte Anstrengung den Vormännern in der Fabrikation gleichzutun sucht. Mit einem Zauberschlage ist dies Verlassen alter Verfahrungsweisen inzwischen nicht bewirkt. Vermögensverhältnisse, Hang an Vorurteilen, Zunft- und Innungssatzungen, das vielen Unbequeme und Bedenkliche des Überganges vom Alten zum Neuen verzögert die Umgestaltung, und bis auf den heutigen Tag begegnen sich die

[1]) Wieck, Industrielle Zustände Sachsens S. 42ff.

Fabrikate der kleinen Meister und der größeren Fabrikanten konkurrierend auf dem Markte, wiewohl sehr unterscheidbar durch ihre resp. eigentümliche Qualität".

Wenn auch die Darstellung Wiecks, trotzdem er dies im Vorwort für sich in Anspruch nimmt, keineswegs vollständig ist, so ist doch der Zeitraum der Entwicklung, den er überblickt, ein großer, sein Urteil, namentlich über die Bedeutung der Einzelpersönlichkeit für die industrielle Untersuchung ein oft überraschendes, von moderner Auffassung getragenes. So wenn er z. B. den mit kühnem Unternehmungsgeist ausgestatteten Christian Gottfried Becker schildert, der die zu europäischer Berühmtheit gelangte Kattunmanufaktur von Becker & Schraps in Chemnitz begründete. Becker war der Sohn eines Geistlichen aus Mittweida, 1797 als Kommis mit Schulden aus dem Hause Kreisig & Co. abgegangen. Seine interessante Unternehmerpersönlichkeit mag mit Wieck's eigenen Worten geschildert sein:

Becker[1]) besaß das Talent, mit kluger, rascher, vielumfassender Tätigkeit eine ebenso glückliche und weltgeschichtliche als schnell vorübergehende Konjunktur dergestalt zu benutzen, daß sein großartiges Etablissement auf solider Basis mit einer in Sachsen beispiellosen Schnelligkeit emporstieg. Mit merkantilistischer Gewandtheit wußte er seinen Unternehmungen Kredit und seiner Produktion durch spekulative Berührungen die Vorzüglichkeit der ausländischen zuzuwenden. Fortschritte aus fernerliegenden Quellen ableitend, machte er sich, ohne selbst Techniker zu sein, um die Verbesserung des Fabrikates doch wesentlich verdient. Viele seiner Konkurrenten waren nicht so glücklich; ihre Etablissements gingen wieder ein, teils wegen mangelhafter Leitung, teils weil die mittellosen Fabrikanten oft teuren, überspannten Kredit zu Hilfe nahmen und dann zur Deckung ihrer Verbindlichkeiten bei fehlgeschlagenem Absatz oder verfehlter Fabrikation die Ware mit großem Schaden realisieren mußten.

Es ist interessant, mit dieser Schilderung eines Unternehmers

[1]) Er starb erst 49 Jahre alt. Neben seiner großartigen merkantilistischen Begabung wird seine Tätigkeit zum Wohle der Allgemeinheit gerühmt. Er war einer der ersten, der die Notwendigkeit der Errichtung von gewerblichen Schulen zur Heranbildung des Arbeiterstammes einsah, und hat selbst in Chemnitz eine Fabrikschule, die erste ihrer Art, begründet.

aus den Anfängen der sächsischen Industrie die Beschreibung eines für die industrielle Entwicklung Sachsens hochverdienten Mannes der neuesten Zeit zu vergleichen. Über Theodor Bickel, den Begründer der sächsischen Tüllspitzenindustrie, schreibt Otto Tröger[1]) in einer kleinen, sehr lesenswerten Monographie:

„Von der erstaunlichen Entwicklung des wirtschaftlichen Lebens im neuen Deutschen Reiche profitierte auch die Industrie Plauens, die, mit der führenden Firma F. A. Mammen & Co. an der Spitze, immer mehr an Bedeutung unter den Industrien des Königreichs Sachsen gewann. Freilich blieben gelegentlich Rückschläge bei dieser von der jeweiligen Mode abhängigen Industrie nicht aus. In solchen kritischen Zeiten des geschäftlichen Tiefstandes trat die Tüchtigkeit und die erfinderische Gabe Bickels glänzend hervor. Schier unerschöpflich schien die Fülle seiner Ideen für die Hervorbringung origineller Neuheiten; mit feinem Spürsinn folgte er den launenhaften Sprüngen der Mode oder eilte ihr voraus.[2]) Durch einzelnes Nichtgelingen seiner Versuche ließ er sich niemals abschrecken, mit eisernem Willen und mit zäher Ausdauer verfolgte er ein sich selbst gestecktes Ziel. Vorsichtig und kühl berechnend von Hause aus, ging er mit dem ganzen Wagemut seiner kraftvollen Persönlichkeit vor, sobald er die innere Überzeugung hatte, daß seine Berechnungen für gewisse geschäftliche Konjunkturen sich als zutreffend erweisen müßten. Diese verschiedenen Fähigkeiten und Eigenschaften eines ganzen Kaufmanns fanden sich bei ihm in selten schöner Vereinigung zusammen, und ihnen verdanken wir es,

---

[1]) Otto Tröger: Theodor Bickel, der Begründer der Tüllspitzenindustrie zu Plauen (ohne Jahreszahl).

[2]) Von Bickel gilt dasselbe wie von Becker. Auch Bickel ging durchaus nicht in dem Interesse für Gelderwerb auf, wie man dies vielfach dem Unternehmertum vorwirft. Über Bickel als Mensch urteilt Tröger a. a. O., der selbst in der Branche Bickels tätig war und ihn persönlich kennen gelernt hat: Aber nicht nur als Kaufmann und Fabrikant ragte Bickel hervor, sondern auch als Mensch und Charakter von vornehmer Gesinnung und wahrer Herzensbildung lernte ihn der Schreiber dieser Zeilen in jahrelangem Umgang kennen. Er war abhold allem leeren Schein und Tand, ein Feind aller Halbheit; auf äußerliche Ehren, Titel und Orden keinen Wert legend, war der Grundzug seines Wesens echte Bescheidenheit. Hervorstechend war sein tiefausgeprägtes Gefühl für Wahrhaftigkeit und Rechtlichkeit, welches er hineintrug auch in alle seine geschäftlichen Unternehmungen und Handlungen und dadurch zum Erfolge wesentlich mit führte.

daß er zum Schöpfer einer neuen Industrie wurde, der Spitzenindustrie Plauens und des Vogtlandes. Im Jahre 1881 gelang ihm, wie schon an anderer Stelle gesagt, die Herstellung der gestickten Tüllspitze. Diese Tat war die Krönung seines Lebenswerkes und sicherte ihm den ersten Ehrenplatz als Führer in dieser Industrie für alle Zeiten. Welchen gewaltigen Aufschwung die Stickereiindustrie mit einem Male nahm, veranschaulicht am besten die Zunahme der Stickmaschinen. Vom Jahre 1858 bis Ende 1881 waren ca. 2350 Stickmaschinen zur Aufstellung gelangt, Ende 1884 war deren Zahl 4700, in drei Jahren hatten die Unternehmer ebensoviel Maschinen angeschafft als in den vorhergehenden 23 Jahren zusammengenommen".[1])

Solcher Persönlichkeiten hat es in Sachsen zu Hunderten gegeben. Obwohl zunächst für eigenen Erwerb sorgend, bedeutet doch ihre Lebensarbeit einen dauernden Vorteil für die Entwicklung der Industrie und des Landes. Heute blühende Industriezweige verdanken ihnen ihr Entstehen, und es scheint, wie Stieda[2]) mit Recht bemerkt, als eine der Ausführung wohl würdige Aufgabe, das „Andenken an die Anstalten und die Männer, auf deren Schultern wir heute stehen und mit deren Hilfe wir es so herrlich weit gebracht haben", wieder aufzufrischen. Für die sächsische Industrie sind einzelne Gestalten auch durch neuere Biographen festgehalten, wie die des Maschinenbauers Richard Hartmann u. a. Aber da handelt es sich nur um wenige markante Persönlichkeiten, deren Firmen zu besonderer Größe und Berühmtheit gelangten, während die große Schar der anderen, für die Entwicklung ebenso bedeutsamen fast in Vergessenheit zu geraten scheint, wenn nicht einmal in einer geschichtlichen Darstellung der sächsischen Industrie all das wertvolle Material verarbeitet wird, das in Festschriften von Firmen, Monographien, Zeitungsbeilagen, Katalogen usw., in reicher Fülle vor allem in den Archiven liegen dürfte. Neben dem rein sachlichen Interesse, das eine Geschichte der Entwicklung der Industrie in Sachsen und der hier im Laufe der Jahrzehnte gemachten technisch-industriellen Fortschritte beansprucht, würde

[1]) Die Ähnlichkeit der beiden Schilderungen ist überraschend; die typischen Unternehmerzüge erscheinen bei beiden, doch so verschiedenen Zeitepochen angehörenden Biographen trefflich herausgearbeitet.

[2]) Stieda, Die Entwicklung der keramischen Industrie in Bayern, Leipzig 1906, S. 234.

auch eine persönliche Anteilnahme an diesen Männern erweckt werden, die in ihrer überwiegenden Mehrzahl aus den unteren Schichten des Volkes hervorgegangen sind, von denen sie heute so heftig bekämpft werden. Auch wer moralische Sentiments in der Volkswirtschaft nicht anerkennt, muß zugestehen, daß es eine Pflicht der historischen Forschung ist, das heute in der Allgemeinheit und namentlich in der Anschauung des arbeitenden Volkes verzerrte Bild eines volkswirtschaftlich so wichtigen Standes richtigzustellen. Die meisten Pioniere der sächsischen Industrie sind Männer nicht allein von technischer und kaufmännischer Begabung, sondern auch von hohem sittlichen Ernst und von einem eisernen Fleiß und einer Genügsamkeit gewesen, auf die man heute mit Bewunderung zurückschauen muß. Ihre einfache Herkunft und die oft sehr mangelhafte Schulbildung hat ihnen ihren erfolgreichen Weg in vielen Fällen nicht gerade erleichtert. Ihre persönlichen Bedürfnisse stellten sie meist hinter die des Geschäfts. Sie haben sich mannigfache Genüsse versagt und unter schwersten persönlichen Entbehrungen die Mittel für die Anforderungen des Geschäfts beschafft. Durch Fehlschläge nicht zu ermüden, oft durch verhältnismäßig geringfügige Kleinigkeiten um den erträumten Erfolg ihrer Erfindungen und maschinellen Konstruktionen betrogen, haben sie in ihrem kleinen Kreise qualitativ das gleiche geleistet, was an den großen Urhebern der weltbewegenden Erfindungen als unvergeßlich gerühmt wird. In der Summe dieser Einzelfortschritte, in der Gesamtheit der Erfolge dieser erfolgreichen und auf dem Felde der Arbeit verbrachten Lebensläufe liegt die technische Vollkommenheit und die bewundernswürdige Vielseitigkeit der heutigen Industrie in Sachsen verankert.

Wie schon gesagt ist die Wertung dieser Persönlichkeiten leider nur gering, die über all diese Einzelheiten nicht informierte Öffentlichkeit pflegt über die Verdienste dieser Männer zur Tagesordnung überzugehen, in den Kreisen der Arbeiterschaft werden sie und ihre Leistungen vielfach herabgesetzt, wennschon einzelne Ansätze zu einer besseren Würdigung der volkswirtschaftlichen Bedeutung des Unternehmerstandes vorhanden zu sein scheinen. Pohle[1]) zitiert eine darauf hindeutende Äußerung des Sozialdemokraten Quessel, der in den „Sozialistischen Monatsheften“ die oberflächliche, die volkswirtschaftlichen Zusammenhänge vollständig verkennende Beurteilungs-

[1]) Pohle a. a. O. S. 22.

weise des führenden Standes der deutschen Volkswirtschaft kritisiert: „In der Regel fehlt dem Proletarier die Erkenntnis, daß er nicht nur für den Unternehmer, sondern auch für die Gesellschaft arbeitet. Der Arbeiter sieht es dem Geld, das er als Lohn erhält, nicht an, daß sich dahinter ein gesellschaftliches Produktionsverhältnis verbirgt. Nichts ist mir so schwer geworden, als meinen Bekannten klarzumachen, daß auch heute schon jeder Arbeiter für die Gesellschaft arbeitet, ein bestimmtes gesellschaftliches Bedürfnis befriedigt, wenn er auch scheinbar nur dem Unternehmer dienstbar ist, der seine Arbeitskraft kauft". Früheren Zeiten, die das Schlagwort des Kapitalismus[1]) noch nicht kannten, ist solche Betrachtungsweise, die Pohle als etwas ganz Neues, als einen Fortschritt bezeichnet, durchaus geläufig. Wieck betont jedenfalls diesen Punkt an verschiedenen Stellen seines Werkes. Wenn er gelegentlich bemerkt, daß der deutsche Handel der Entwicklung des deutschen Kunstfleißes vorausgeeilt sei, so führt er doch wie zur Entschuldigung auch die Schwierigkeiten ins Feld, die den Unternehmerstand hindern, so rasch nachzukommen, „da der Handelsstand den großen Vorteil der mehr individuellen Führung seines Wirkungskreises voraus hat vor dem Fabrikstande, der nicht nur sich selbst beleben und sich regen, sondern auch ringsum viel Ungelehrige auf die rechte Bahn zum Ziele leiten soll".

Die Nähe, aus der Wieck die Fortschritte der meisten sächsischen Industriezweige beobachtete, ließ ihn die Bedeutung eines „leistungsfähigen Fabrikantenstammes" erkennen, den heranzubilden die sächsische Regierung sich damals so große Mühe gab. Und es war gerade die Einzelpersönlichkeit, deren Wert für den industriellen Fortschritt in jener Zeit er besonders erkannte. Die geringen Erfolge und mangelhaften Ergebnisse der Aktienmaschinenbauanstalten auf dem Gebiete der technischen Vervollkommnung führte man, wie Wieck mitteilt, nicht ganz mit Unrecht zum Teil darauf zurück, daß sie eben des leitenden Hauptes, wie es die individuelle

[1]) Die Einsicht in das wirkliche Wesen der heutigen Wirtschaftsverfassung wird durch die Ausdrücke „Kapitalismus" und „kapitalistisch" jedenfalls mehr gehemmt als gefördert. Im Grunde sind diese Beziehungen auch wohl weniger Mittel der Erkenntnis als Mittel der Anklage. Die häufige Verwendung dieser Schlagworte dient vor allem dazu, beim Leser eine ganze Skala von rein gefühlmäßig bestimmten Werturteilen in der Wirtschaftsordnung hervorzurufen. (Pohle, a. a. O.)

Unternehmung aufweist, entbehren; der „Aktienverein" kann durch einen Mechaniker die „für den Unternehmer nötige Mischung von Genialität und Pedanterie, von freudigem Eifer und ruhiger Ausdauer" nicht immer ersetzen. Die Worte sind so bezeichnend für den scharf beobachtenden Blick des Verfassers, daß sie hier im Wortlaut[1]) folgen mögen:

„Haben die Erfolge den Erwartungen bis dahin noch nicht ganz entsprochen, so darf die Schwierigkeit nicht übersehen werden, welche bei Verwaltung von Aktienunternehmen überhaupt hervortretend, bei Maschinenanstalten in um so höherem Grade sich äußern dürfte, je mehr hier alles nicht allein auf die theoretische und praktische Bildung, sondern auch auf die ganze Persönlichkeit und daneben auf die Selbständigkeit und freie Bewegung des Dirigenten ankommt".

„Dem Künstler näherstehend als dem Fabrikanten, bedarf der Mechaniker, um einen großartigen Wirkungskreis ganz auszufüllen, eine eigentümliche Mischung von Genialität und Pedanterie, von feurigem Eifer und ruhiger Ausdauer, Eigenschaften, die, überall selten vereint, bei einem aus eigener Kraft, aus dem Druck der Umstände sich herausarbeitenden Manne gleichwohl nicht selten sich glänzender entwickeln als bei dem besoldeten Vorstande einer auf fremdes Kapital gegründeten Unternehmung."

Man vergleiche mit diesen Sätzen die kurze Würdigung der Eigenschaften, die nach Pohle dem modernen Unternehmer eigen sein müssen, der ebenfalls auf die wichtige Synthese technischer und kaufmännischer Fähigkeiten und Kenntnisse hinweist, wenn der Unternehmer die ihm obliegenden Aufgaben mit Erfolg lösen soll: Wagemut, Neigung zur Spekulation, aktiver Geist, daneben Energie, Willenskraft, organisatorische und technische Befähigung, so wird man das treffsichere Urteil des Ausstellungsberichts recht würdigen. Die Zeit Wiecks stand den Erfindern viel näher als heute, wo die Grundlagen gewonnen sind und als etwas Selbstverständliches gelten, während sie für die damalige Zeit etwas Außerordentliches waren. Die heutigen technischen Fortschritte sind zum großen Teil Verfeinerungen und qualitative Ausgestaltungen oder Erfindungen, deren Herstellung erst auf einer sehr entwickelten Leistungsfähigkeit der Industriezweige möglich ist. Zweifellos

[1]) Aus dem Ausstellungsbericht von 1839, mitgeteilt bei Wieck a. a. O.

geht heute ein Zurückweichen der individuellen Unternehmung und ein Zug nach Vergesellschaftung industrieller Unternehmungen durch die Industrie, namentlich auch in Sachsen. Gewiß ist auch die Gesellschaft nach Pohle eine Organisationsform der Neuzeit, die den erfinderischen Geist befördern kann. „Die technische und die kaufmännische Intelligenz und event. als Dritter im Bund, der Kapitalist, sollen sich zu erfolgreicher Tätigkeit die Hand reichen." Gewiß kann auch durch solche industrielle Triumvirate Bedeutendes auf dem Gebiete der Industrie geleistet werden. Allein es wäre, wie Sulzer-Ziegler treffend bemerkt, ein großer Nachteil für die gesamte Volkswirtschaft, wenn der individuelle Unternehmer, der allein des Risiko des Betriebes trägt und seine ganze Existenz auf seine Fabrik gründet, ausgeschaltet würde. Was der Unternehmungsgeist einzelner Persönlichkeiten einmal geschaffen hat, das kann schließlich ohne viel Geist weitergeführt werden; wenn aber die Menschheit auf das hätte warten müssen, was, wie der Marxismus es will, Staat und Gesellschaft an schöpferischer Arbeit zu leisten geruht hätten, wir hätten wohl kaum annähernd den Stand der heutigen Volkswirtschaft, der heutigen Kultur erreicht. Diese Worte Sulzer-Zieglers gelten in vollem Umfange von der sächsischen Industrie. Auch sie ist durch solche Männer der Unternehmungslust groß geworden und wird heute noch von ihnen geführt. Die technische Findigkeit der sächsischen Fabrikanten ist bekannt, die Notwendigkeit, jede, auch die kleinste Verbesserungsmöglichkeit im Betriebe auszunutzen, ist schon gegeben durch die geringen Gewinne, die die meisten von der sächsischen Industrie hergestellten Artikel gewährleisten und die daher möglichst billige Herstellungskosten unter Ausnutzung aller technischen Möglichkeiten bedingen.

Neben den erfolgreichen Namen, die eine Geschichte des sächsischen Unternehmerstandes aufweisen würde, darf das Andenken derer nicht übergangen werden, die durch Fehlschläge und Mißgeschick verfolgt, für die Gesamtheit Großes geleistet haben, ohne für sich etwas erreichen zu können. Der Weg, den die Entwicklung der sächsischen Industrie genommen hat, ist mit solchen Opfern nur zu zahlreich markiert; auch Wieck nennt ihrer viele und gedenkt des nachhaltigen Eindrucks, den solche Fallissements in den Zeiten des industriellen Anfanges auf die Fortbildung der Industriezweige ausübten. Die gewaltigen Verluste, welche in der

Baumwollspinnerei durch den Fall der Kontinentalsperre hervorgerufen worden waren, ließen ihn daher auch für einen mäßigen Schutzzoll eintreten als eine Art „Ausgleichungssteuer, um die geographischen und pekuniären Vorteile der englischen Konkurrenz zu überkommen und den Standpunkt, den diese in technischer und fabrikökonomischer Durchbildung einnimmt, auch zu erreichen". Ein Gebiet, auf dem nach den Mitteilungen Wiecks sächsischer Unternehmungsgeist sich jahrelang mit schmerzlichen Erfahrungen betätigte, war die Zeug- und Kattundruckerei, die durch die Schutzzollbewegung der europäischen Staaten in den Jahren der Entstehung des Deutschen Zollvereins so stark in Schwierigkeiten geriet, daß ein Teil auswanderte, ein Teil aber völlig zum Erlöschen gebracht wurde. Blühende Unternehmungen, auch solche, die erst durch technische Neuerungen in die Höhe gekommen waren, gingen damals in großer Zahl zugrunde. Wieck hebt besonders hervor das Unternehmen von Ackermann & Co. in Chemnitz, das sich einer ausgezeichneten technischen Führung erfreute, seit 1828 eine tüchtige mehrfarbige Walzendruckmaschine in Gang gesetzt und lebhaft für den überseeischen Export gearbeitet hatte. Diese Mißerfolge ließen aber gleichwohl die Energie des sächsischen Unternehmerstandes nicht erlahmen. Die Beschreibungen Wiecks geben einen trefflichen Einblick in die unermüdliche Tätigkeit der Unternehmer dieser Branche und die Erfolge, die „sächsische Mühsamkeit" endlich nach langen Fehlschlägen erzielte. „Mit verdienstvollem Eifer,[1]) doch unter manchen Schwierigkeiten und Aufopferungen suchten einige Firmen überseeische Verbindungen anzuknüpfen und fremde Intelligenz durch Anstellung wissenschaftlich und technisch gebildeter Ausländer, in Sachsen wirksam zu machen. Dem Fortstreben in der Produktion besserer Druckwaren mußte eine abermalige Reform der Weberei vorangehen, und da vor der Anwendung der verbesserten Gewebe zum Druck dieselben oft erst infolge fruchtloser Versuche und nur nach und nach gesammelt werden konnten, die Garne und Arbeitslöhne in der ersten Hälfte dieses Zeitabschnittes aber im steten Fall waren, so gingen nicht selten 10 bis 20 g an der rohen Ware vor ihrer Verarbeitung verloren.

Wer die dem Auslande gegenüber nötigen Fortschritte zu

---

1) Wieck a. a. O. S. 195.

machen strebte, erlitt daher bei einem ohnehin unter so vielen Nachteilen fast unterliegenden Geschäfte noch manche Verluste, welche beim Verfolgen des gebahnten Schlendriangleises nicht aufs Spiel gesetzt werden.

Bis in die zweite Hälfte dieser Periode fanden die falschfarbigen, in Frankenberg, Hainchen, Großenhain gefertigten Kattune vielseitigen Vertrieb, sowohl zu Kleidern als zu Möbeln und Tapeten, zuerst nach Polen und Rußland, dann nach den türkischen Provinzen, später nach der Nordküste von Afrika, Westindien und Südamerika, bis endlich, indem man die höchste Empfehlung dieses Artikels in der größten Lebhaftigkeit der Farben suchte, welche auch deshalb oft gar nicht mehr gewässert wurden, der Überschuß an Säuren die Gewebe zerstörte, ihr Geruch und ihre Zerstörbarkeit sogar in Afrika sie für pestbehaftet ansehen ließ und die von der Leipziger Messe nach dem Norden und Osten oder aus den Fabriken nach den entferntesten Gegenden versandten Waren zuweilen als Lumpen zurückgebracht wurden, wodurch sich ein Fabrikant aus Frankenberg genötigt sah, plötzlich den Meßplatz Leipzig zu verlassen, vor den zornigen Brodyern und Jassyern fliehend, und dann sein Etablissement zu liquidieren, während man andere mit Prozessen verfolgte.

Es wurden dem fernen Auslande aber auch solidere Waren in dieser Periode zugeführt. Man exportierte gewalzte und andere schmale, äußerst billige Kattune namentlich über Hamburg und Bremen nach Westindien ohne Verlust, während bei Versuchen nach Ostindien mit dieser Ware fast der ganze Wert eingebüßt wurde. Von dorther sowie bei Aussendungen nach Brasilien wurden an den Retouren oft 50 bis 60 % verloren, Resultate, welche der britische und französische Export zwar auch erfuhr, die sich jedoch dort im großen Durchschnitte überwinden lassen, während mißglückte erste und einzelne Versuche, aus einem Binnenlande hervorgehend, sofort abschrecken müssen. Man sandte feinere breite Kattune nach Mexiko und den übrigen sonst spanischen Kolonien, lebhaft kolorierte Tücher nach Rio, Nationalartikel für die Malayen (Schurze, Sarongs) über Singapore und Sumatra, über die Häfen des Schwarzen Meeres und Konstantinopel Männerkleider (Agalugs) und Kopftücher nach Mittelasien, wobei man sich anzustrengen hatte, die größtenteils eingemalten, äußerst lebhaften Farben indischer Fabrikation an Glanz und Echtheit zu erreichen. Mitunter lohnte günstiger Erfolg, der sich durch wiederholte Aussendungen aussprach. Als Aufgaben für die sächsische Mühsamkeit wurden durch die in jener Zeit mehr als später erscheinenden, neue Verbindungen aufsuchenden Ausländer oft Ideen komponiert, um in neuer Weise für die Nationaltracht weißer, brauner und schwarzer Menschen Annehmliches zu liefern. Ein Fabrikhaus, das für eines der industriöseren galt, hatte am häufigsten derartige Aufgaben zu lösen, und zuweilen brachte die Erfindsamkeit Segen. Man fertigte Frauenkleider mit Bordüren auf möglichst breiter Ware, um den jenseits teuren Nählohn zu schonen, und vorübergehende Versuche damit nach Peru und Chile schlugen glücklicher ein als in Mexiko, dann Lendenschurze für die Neger von Surinam (Pandjes) sowie die wegen ihrer Fertigung in Berlin als prussian Shawls in Nordamerika bekannten baumwollenen Köpertücher mit Franzen. In letzteren überboten jedoch die Hunderttausende von Dutzenden des Berliner Fabrikates die diesseitigen stets an Wohlfeilheit und oft im Geschmack. Auch Italien bezog diesen Artikel sowie gedruckte Pikees. Es wurden über Triest und Livorno zum Transithandel in die Levante von einem Hause zuletzt sehr nachteilig ausfallende Geschäfte mit bunten, auf starkes Tuch (40r u. 60r) gedruckten Kattunen gemacht. Auch nach Norwegen gingen sächsische Druckwaren; nach Schweden wurden sie gepascht; denn selbst im hohen Norden will man, fast unerklärlicherweise, durch Prohibitiven eine Fabrikation heben, deren Produkte für das Klima nur sehr wenig geeignet sind. Dahin zogen vorzugsweise in Zschopau und Frankenberg gefertigte Kattuntücher von unglaublicher Billigkeit. Nach Belgien und Holland vertrieb man ebenfalls trotz der hohen Zölle und oft unverzollt eingehend gedruckte Waren. In den ungünstigsten Zeiten versuchte man den Absatz gebleichter Kattune als Imitationen von Leinen — z. B. Platilles, Estopolles — nach Westindien; ungebleichte starke Ware ging nach Mexiko (Domestiks, Mantas) und nach Chile und Peru (Tocujos); nach Ostindien verschiffte man violettblau gefärbte schwere Kattune als Salampores.

Man darf sagen, daß kein Ausweg unversucht gelassen wurde, um das bedrängte Geschäft nicht ganz sinken zu lassen. Allerdings arbeiteten einige kleinere Druckereien mit besserem Erfolge als die größeren für das Inland, für die freigebliebenen deutschen Staaten, z. B. in Nationalfarben für Altenburg usw. Die Schürzen, welche zu Hunderttausenden vertrieben wurden in gedruckter Ware, erschienen eine Zeitlang für dieses Geschäft und die damit verbundene Näherei als eine sehr ersprießliche Neuigkeit. Die Pariser Mode glücklich auffassend und schnell benutzend, brachte man auch große gedruckte Herrentücher für den deutschen Absatz in Gang, und baumwollene „Ribbse", die über ein Dezennium verwendungslos geblieben waren, tauchten in bunten Farben auf als ein wohlfeiler Westenartikel, der ziemlichen Verbrauch fand. Vorhänge und Rouleaux in gotischem Geschmack erschienen als sächsisches Manufakt, ehe man das derartige englische auf den deutschen Messen sah. Das Gesuch gedruckter wollener Waren kam eine Zeitlang zu Hilfe. Nur geringen Gewinn, aber doch Beschäftigung gewährend, wurden Tausende von Stücken englischer Merinos, die in einfachen Farben nicht Absatz fanden, bedruckt. In die gleiche gewinnlose Kategorie gehörte das Überdrucken gewebter Waren, namentlich mit nur schwarzen Figuren, das sogen. Lithographieren. Lohnender war die Imitation des Jacquart-Gewebes auf Mäntelstoffe (Circassiennes), die z. B. starken Begehr nach Italien fanden, sowie der Druck feiner sächsischer Thibets und halbwollener gestreifter Zeuge."

Wenn wir hier den wörtlichen Ausführungen Wiecks einen breiteren Raum vergönnten, so geschah dies, weil wir in diesen Darlegungen von so plastischer Deutlichkeit und Lebendigkeit einen trefflichen Beleg für die Feststellungen erblicken, deren Beweis uns am Herzen liegt.

Wieck behandelt das Kapitel Zeug- und Kattundruckerei, dem das letzte entnommen war, in seinen Industriellen Zuständen Sachsens besonders ausführlich und mit der Berücksichtigung einer Menge von Einzelheiten, die der unmittelbaren Beobachtung seiner Zeit entsprungen sind. Der Grund, weshalb er gerade auf diesen Zweig so besonders eingeht, mag bei dem Interesse, welches Wieck für die Betätigung des Unternehmerstandes in den einzelnen Industriezweigen an den Tag legt, darin zu suchen sein, daß gerade in diesem Zweig das Auf und Ab der Konjunktur, das Stürmische und bald wieder Nachlassende der Entwicklung und die daraus sich für den Unternehmerstand ergebenden schwierigen Aufgaben, die nicht immer glücklich gelöst worden sind, besonders deutlich zu beobachten war.

Die Kattundruckerei soll nach Wieck in Sachsen etwa im Jahre 1754 eingeführt worden sein, und zwar durch einen Kattundrucker, der aus Nürnberg nach Plauen im Vogtlande kam. Teils mit eignem Kapital, teils durch eine Gesellschaft von Schleierfabrikanten finanziell unterstützt, hat er eine Druckerei eröffnet, die sich sehr gut rentierte und größere Aufträge aus Bayern erhielt, während merkwürdigerweise die Chemnitzer Kattundruckerei ihre Fabrikate noch nach Augsburg zum Drucken sandte. 1840, also ungefähr nach 100 Jahren, konnte Wieck in diesem Zweig schon vier Perioden unterscheiden, innerhalb deren eine lebhafte Aufwärtsentwicklung und ein darauffolgender Abstieg zu verzeichnen war. Die schlimmste Zeit des Niederganges haben wir in den eben zitierten Ausführungen bereits kenntlich gemacht. Die Zeit, in der Wieck selbst schrieb, hatte den stärksten Schlag bereits überwunden, so daß die in den Druckereien beschäftigten Arbeiter wieder zu besseren Löhnen gelangten. Anscheinend ist jedoch die frühere Höhe nicht wieder erreicht worden. Zwar gab es einzelne Häuser, die in bezug auf Mannigfaltigkeit des Kattundruckes, Neuheiten der Muster und Herstellung der neuesten Vollkommenheiten eine führende Stellung in der Branche einnahmen. Die verschiedensten Firmen waren auch fortwährend auf Verbesserung namentlich des Walzendruckes bedacht, doch scheint es nicht, als ob man die im Ausland in dieser Branche gemachten Fortschritte eingeholt hätte.

Die Blüte der Kattundruckerei liegt in Sachsen in der Zeit der Kontinentalsperre, während welcher die englischen Fabrikate vom Markte ausgeschlossen waren. Es scheint, daß die sächsische Industrie ihre größere technische Vollkommenheit nach Aufhebung der Kontinentalsperre erlangte. Wenigstens gab ein sächsischer Druckfabrikant in den Mitteilungen des Industrievereins seinen Kollegen den Rat, daß sie aus der Geschichte der Entwicklung und Fortbildung der Druckerei in Sachsen die Mahnung entnehmen sollten, daß „selbst in der günstigsten Zeit die einträglichste Fabrikation ohne sorgsame merkantilistische Überwachung, ohne eifernde Beobachtung der neuen Erscheinungen im In- und Auslande“ nicht bestehen kann. Das unaufhörliche Weiterstreben der sächsischen Druckereien sei notwendig, sowohl in mechanischer, als auch in chemisch-technischer Hinsicht, sowohl in bezug auf schönere Leistung als auf Billigkeit. Namentlich auf das letztere komme gegenwärtig alles an, da die Berliner Konkurrenz mächtig und entschieden auftrete und auf den Leipziger Messen eine günstige Aufnahme finde. In die Rührigkeit und Findigkeit der Fabrikunternehmer setzte man die Hoffnung, daß sie es den Berliner gleichtun würden; es läßt sich aber aus Wiecks Aufzeichnungen nicht entnehmen, wie weit dies in der Folgezeit auch geschehen ist.

Den Weg des ständigen Fortschritts, der unaufhörlichen technischen Vervollkommnung hat die sächsische Industrie aber seit den Zeiten, da Wieck seine Betrachtungen über die industriellen Zustände Sachsens schrieb, getan. Wenn Reuleaux der deutschen Industrie auf der Weltausstellung in Philadelphia 1876 das Urteil „billig und schlecht" glaubte anhängen zu können, so ist, abgesehen von der Einseitigkeit dieses Urteils, dieses keineswegs für die ganze sächsische Industrie zutreffend gewesen. Wo es aber richtig war, da hat auch Sachsens Unternehmerstand schon längst die Scharte ausgewetzt, denn die Weltausstellungen in Brüssel und Turin haben der deutschen Industrie und, soweit sie vertreten war, auch der sächsischen, das Prädikat der Vollkommenheit der ausgestellten Gegenstände zuerkannt. Sie haben sich neben den amerikanischen und französischen sowie englischen Erzeugnissen, welch letztere sie zu den Zeiten Wiecks noch sehr zu fürchten hatten, glänzend behauptet. Inzwischen hat Sachsens Industrie, deren Produkte, wie aus Wiecks Darstellungen zu ersehen, schon immer vom Auslande gesucht wurden, in weiterem Umfange den Weltmarkt erobert. Sächsische Weltfirmen konkurrieren mit englischen und französischen auf allen Teilen der Erde, und wer durch die Werkstätten geht und Fühlung hält mit den führenden Männern der sächsischen Industrie, der kann den Eifer und die Rastlosigkeit beobachten, mit der auch heute noch weiter gearbeitet wird. Die Summe der dabei aufgewendeten Intelligenz und der Arbeitsleistung der Unternehmer, die zunächst wohl für die Befriedigung des eignen Erwerbstriebes, darüber hinaus aber doch für die ganze Volkswirtschaft getan wird, bildet einen Faktor in der modernen industriellen Fortentwicklung, dessen Bedeutung die landläufige Auffassung, wie dargetan, zu übersehen leider nur zu sehr geneigt ist. Mit Theorien kann wirksam gegen diese Gleichgültigkeit nicht angekämpft werden. Das läßt sich nur dann, wenn an Beispielen gezeigt wird, was erreicht und was in vergangenen Jahrzehnten von dem Stande geleistet worden ist, der, wie Pohle treffend bemerkt, die heutige Volkswirtschaft geschaffen hat, dem Unternehmerstand. Dankbar ist es daher zu begrüßen, wenn auch die Wissenschaft sich der Aufhellung der hinter uns liegenden Zeiten der gewerblich-industriellen Entwicklung widmet.

Die Arbeiten Stiedas über die keramische Industrie haben den Weg gezeigt, auf welchem diese wichtigen Gebiete erfolgreich bearbeitet werden können. Was mit diesen Untersuchungen erzielt werden soll, ist, daß zunächst der Gang der Heranbildung einer vielgestaltigen Industrie selbst vor den Augen der Gegenwart klargelegt, daß gezeigt wird, wie die Entwicklung eines Industriezweiges einesteils den in der modernen Zeit auftauchenden Bedürfnissen entgegenkommt, anderenteils die Befriedigung derselben vielfach veredelt, zum Teil auch neue Bedürfnisse schafft; wie sie weiterhin die mannigfachsten Schwierigkeiten technischer und materieller Natur überwunden hat, hier tastend vorwärts gehen, dort die Anregungen vorgeschrittener Vorbilder aneignen, verarbeiten oder aus eigenen Gedanken neue Formen der Arbeit schaffen mußte.

Bei dieser Bearbeitung wird auch zugleich, was dem Verfasser dieses als eine ebenso notwendige wie interessante Aufgabe erscheinen möchte, der Anteil des Unternehmerstandes an den Fortschritten der Industrie festgehalten werden können. Und auch das ist, wie im Vorstehenden erörtert wurde und wie Stieda selbst am Schlusse des Nachwortes seiner „keramischen Industrie in Bayern“ sagt, eine Arbeit, ernster Forschung wert.

In diesem Sinne mögen die bereits eingangs erwähnten Worte Stiedas am Schlusse dieser Ausführungen im Wortlaut folgen:

„Trotzdem werden die vorstehenden Schilderungen keinen unerquicklichen Eindruck hinterlassen. Sie gewähren Bilder rastlosen, nicht versagenden Fleißes. Ernste, sicher zum Teil sehr begabte Männer, Pioniere der Arbeit, getragen von der Hoffnung, einmal die Früchte ihres unermüdlichen Schaffens ernten zu können, sieht man in Tätigkeit. Sind auch nicht alle belohnt, haben diejenigen, die die erste Anregung gegeben haben, keine Erfolge erzielt, für das Land und das Volk ist der Segen doch nicht ausgeblieben. Wie schon in der Einleitung erwähnt, erfreut sich Bayern heute einer bemerkenswerten Porzellanindustrie. Sie wäre nicht möglich gewesen ohne all diese Vorläufer, von deren Schicksalen vorstehend ausführlich die Rede gewesen ist. Darum verdient auch das Andenken an jene Anstalten und Männer, auf deren Schultern wir heute stehen und mit deren Hilfe wir es ‚so herrlich weit gebracht‘, wieder aufgefrischt zu werden.“[1])

[1]) Stieda a. a. O.

www.ingramcontent.com/pod-product-compliance
Lightning Source LLC
La Vergne TN
LVHW091731021026
849161LV00003BB/570
* 9 7 8 3 1 1 2 6 6 0 5 3 9 *